BAND 1

Gonzalos J. Alvarez

DAS GEHEIMNIS ZU REICHTUM & ERFOLG

Alles was du für ein erfolgreiches Leben wissen musst!

INHALT

EINLEITUNG	1
Was ist Erfolg?	3
Das Umfeld	7
Warum haben Menschen kein Geld?	10
Was ist Reichtum?	12
Reiche Menschen denken anders!	14
Das Geschäft mit der Zeit	17
Plane deine Zeit	19
Das Eisenhower Prinzip	22
Die Denkweise für ein Erfolgreiches Leben!	23
Der Weg aus dem Hamsterrad	27
Eine wichtige Sache noch	29
ENDE & START DEINES ERFOLGREICHEN LEBENS	30

EINLEITUNG

Hallo lieber Leser. Mein Name ist Gonzalos James Alvarez. Ich komme aus eher ärmlichen Verhältnissen. War nie ein Musterschüler und habe auch nie eine menge Geld geschenkt bekommen. Generell war ich nie so wirklich erfolgreich in meinem Leben und träumte eher so vor mich hin. Ich habe mehrere Ausbildungen abgebrochen, meine Schulnoten ähnelten eher einer Katastrophe. Und egal was ich auch tat, ich konnte es niemandem Recht machen. „Gonzalos! Schon wieder nur eine 3? Was soll aus dir nur werden", „Gonzalos wir wollen, dass du ein Instrument lernst.", „Gonzalos, dies ist falsch, Gonzalos jenes, Gonzalos hier, Gonzalos da."

Dies zog sich durch mein Leben bis ca. zu meinem 26 Lebensjahr. Ausnahmsweise habe ich mir nicht wieder dämliche scheiße im Internet angesehen, und überlegte was Frauen wohl mit einigen Geräten auf Eis.de anstellten. Nein! Ich habe angefangen mich weiter zu bilden. Mir Gedanken über mein bisheriges Leben zu machen. Und über meine Zukunft!

Einst stellte ich mir die Frage „Gonzalos, was machst du in deinem Leben nur falsch?" „Wieso bist du nicht erfolgreich?" „Und wieso zum Teufel bist du jeden Monat bereits zur Mitte des Monats pleite?"

Da du dir dieses Buch gekauft hast, hast du wohl dasselbe Problem wie ich einst. Du bist nicht zufrieden. Dir fehlen der Erfolg und der Reichtum. Aber vor allem denkst du darüber nach wie du diese

Dinge bekommst. Und zwar so schnell wie nur irgendwie möglich.

Um das von vorne herein klar zu stellen. Ich kann dich nicht reich machen, und ich kann dir auch keinen Erfolg schenken. Und ich werde dir in diesem Buch keine 0815 Businesspläne verkaufen die dir im Grunde eh nichts bringen, weil dir viele wichtige Faktoren dazu fehlen. Aber was ich kann, ist dich auf den richtigen Weg bringen. Für dein eigenes Business. Ich kann dich motivieren und dir Tipps und Tricks verraten. Dir Wissen beibringen, dass dich förmlich aus den Schuhen hauen wird. Und natürlich hat Wissen seinen Preis. Alles im Leben. Das Geschenktes, ist nicht wert. Auch geschenktes Wissen wie du es in der Schule bekommst.

Ich werde in diesem Buch so mit dir sprechen wie als wären beste Freunde. Ich werde dich duzen und nicht auf meine Wortwahl achten, oder besonders vornehm mit dir sprechen damit es professionell klingt. Nein! Ich werde genau diese Wortwahl verwenden, mit der ich dir am besten alles wichtige erklären kann. Einfach und unkompliziert. So dass es, da ich nicht weiß wer dieses Buch liest, auch ein ungetoasteter Weizentoast verstehen kann.

Des Weiteren werde ich mich kurz und knapp halten, um das Buch nicht unnötig in die Länge zu ziehen. Und da ich dich nicht kenne, wird auch nicht immer alles auf dich zutreffen. Deswegen möchte ich, dass du dir immer deine eigenen Gedanken dazu machst. Dies ist eine wichtige Lektion, die du lernen musst, wenn du es noch nicht kannst! Eine eigene gesunde Meinung, ist überlebenswichtig.

Wir erinnern uns zurück. Ich lag so in meinem Bett und dachte über mein Leben nach. Über Geld, Reichtum und vor allem wie ich da hinkomme. Da stellte sich mir bereits die erste sehr wichtige Frage:

WAS IST ERFOLG?

Eine in meinen Augen sehr wichtige Frage, die bereits zu Anfang klar sein sollte.

Wenn man sich einmal Gedanken darüber macht und seine Blicke in die Vergangenheit wirft, wird man feststellen das Erfolg immer nach demselben Muster abzulaufen scheint. Und zwar anderen etwas beweisen. Je mehr Applaus und Bestätigung man von anderen Menschen bekommt umso erfolgreicher ist man. So bekommt man es auch beigebracht. Von der Wiege an. Deine Eltern loben dich, wenn du deine ersten Schritte machst, dein erstes Wort. Sie sind stolz auf dich. Es fallen Sätze wie: „Das hast du gut gemacht!" oder „Wir sind stolz auf dich!" Besonders wenn du das erste Mal auf deinen Hintern fällst und es schaffst dich allein aufzurichten! Diese Sätze hast du seit deiner Geburt immer wieder gehört. Von deinen Eltern, deiner Freundin, deinem Chef und von vielen anderen Menschen. Alle sind sie stolz darauf wie erfolgreich du bist, weil du es Ihnen genau so recht gemacht hast wie sie es wollten. Du hast dir Mühe gegeben gute Noten zu schreiben in einem Fach, das du für deine Eltern belegt hast, um sie glücklich zu machen. Du reißt dir in deinem Job den Arsch auf nur um deinen Chef zu gefallen. Und du bist erfolgreich! Erfolgreich damit anderen zu gefallen. Doch ist das richtig?

Verstehst du was ich dir damit sagen will? Mal angenommen ich wäre ein Verkäufer und ich klopfe an deiner Tür und gebe dir die Möglichkeit ein paar Dinge zu ändern die du tust oder getan hast für andere, um sie stolz zu machen. Welche Dinge wären das? Ich bin ehrlich zu dir bei mir wäre das eine ganze Menge. Ich hätte zum Beispiel niemals mit einer Kochausbildung angefangen nur um meine Familie stolz zu machen. Sie waren stolz als ich den Ausbildungsplatz bekommen habe. Das war genau das was sie wollten. Ich hätte auch nie Gitarre gelernt nur um meine Familie zu gefallen, weil sie es so wollten. Ich könnte dir hier 1000 Dinge aufzählen, die ich tat, um erfolgreich für andere zu sein. Sozusagen erfolgreich in den Augen anderer.

Aber nun sage ich dir etwas. Ich war in keinen dieser Sachen besonders erfolgreich. Kochen war nicht mein Ding und für Gitarre war ich zu ungeduldig. Ich habe meine Kochausbildung geschmissen und auch zum Gitarrenkurs bin ich nicht mehr gegangen. Plötzlich war ich nicht mehr so erfolgreich. Zumindest in den Augen meiner Eltern. Sie waren enttäuscht. Sätze wie: „Aus dir wird nie etwas!" oder „Was haben wir mit dir nur falsch gemacht?" sind immer wieder gefallen. Sie haben keine Rücksicht genommen was ich möchte, wollten nicht das ich meinen eigenen Weg gehe. Alles sollte vorhergestimmt sein und ich hatte mich in ihren Augen daran zu halten.

Ab diesem Moment fängt dein Umfeld an dich zu brechen. Und wenn du nicht stark genug bist dann wirst du das früher oder später auch. Sie vergiften deinen Geist. Reden dir ein, dass du nicht erfolgreich sein wirst. Niemals etwas erreichst. Es sind immer dieselben Sätze, Phrasen und Wörter. Und wenn du dem nachgibst, dann fängst du an daran zu glauben. Gefangen in einem Hamsterrad. Ich vergleiche es auch gerne mit dem See in der Höhle im sechsten Teil von Harry Potter. Die Leichen, die ihn versuchen immer wieder zurück ins Wasser zu ziehen. Gefangen, in einem System, um zu funktionieren. Und du fängst an, wieder genau das zu tun was andere wollen. Damit du erfolgreich bist. Mit der Masse gehst.

Und ich sage dir ganz klipp und klar, das ist kein Erfolg. Doch das wird dir wohl selbst bewusst sein.

Aber was ist dann Erfolg? Und wie wird man Erfolgreich?

Die meisten Menschen verbinden Erfolg immer gleichwertig mit Geld. Wer Erfolg hat, hat auch viel Geld. Und in den meisten Fällen stimmt das auch. Doch hat das Geld rein gar nichts mit dem Erfolg zu tun. Das viele Geld ist nur das Resultat von etwas. Genauso wie Glück. Glück ist nicht zufällig, sondern ein Resultat von etwas. Man hört die Leute oft sagen: „Du hast aber Glück gehabt mit deinem Geschäft!" oder „Da war aber auch einiges an Glück im Spiel!"

Nein war es nicht. Sondern es ist das Resultat, das du zusätzlich zu anderen Dingen bekommst wie Geld. Denn Erfolg bedeutet nichts anderes als: „Er folgt!" Oder umgewandelt zu „etwas folgt!" Auf eine Tat wird ein Resultat folgen.

Wenn du immer das tust was andere von dir erwarten dann ist das auch Erfolg. Doch nicht für dich, sondern für die anderen. Alles was du von dem Erfolg abbekommst sind nette Worte und dass sie dich mögen.

Tust du jedoch etwas für dich, damit du zufrieden bist, dann wirst du etwas anderes dafür ernten als nur nette Worte. Und zwar Glück. Zufriedenheit. Auch dass hast du schon erlebt. Wenn du eine Entscheidung getroffen hast die andere nicht gut gefunden haben, dich dafür belächelt haben. Aber genau diese Entscheidung genau das richtige war! Und plötzlich alle Lacher verstummten. Vielleicht kam sogar Neid auf. Das ist Erfolg. Resultate die dir gehören. Deins sind. Die du für dich erreicht hast.

Das ist Erfolg. Und alles was du dazu tun musst ist ganz einfach. Tue niemals etwas, um jemand anderem zu gefallen oder weil man dir sagt nur so ist es richtig!

Wenn du eine Idee hast und alle dir sagen das wird nichts, aber du ein gutes Gefühl hast, dann tu es! Und selbst wenn du ein scheiß Gefühl hast, aber dir denkst es könnte funktionieren dann zieh es durch! Denn mehr als auf die Schnauze fallen kannst du nicht! Du lernst nicht das Feuer heiß ist, ohne es anzufassen. Armut bedeutet nicht kein Geld zu haben oder nichts im Kühlschrank. Sondern Armut bedeutet „Arm an Mut". Wer keinen Mut hat, den sicheren

Gonzalos James Alvarez

Weg zu verlassen den alle gehen, der hat automatisch kein Geld, oder nur so viel wie die anderen im Schnitt auch. Er hat auch automatisch keinen Erfolg da es der Erfolg eines anderen ist und man nur nette Worte erntet oder 1500 € Netto was ein Bruchteil ist von dem Typen, für den du die Arbeit verrichtest. So gut wie möglich natürlich um „erfolgreich" nicht gekündigt zu werden.

Du entscheidest selbst welchen Erfolg du haben willst. Die Karten dazu hast du in der Hand. Auch wenn du es vielleicht noch nicht weißt oder daran glaubst.

DAS UMFELD

Wie du im vorherigen Kapitel bereits bemerkt hast, redet man dir von Geburt an Dinge ein, die deinen weiteren Lebensweg bestimmen.

Dein Umfeld spielt also bei deinem Weg zum Erfolg eine große und vor allem wichtige Rolle.

Nehmen wir einmal folgendes an: Du kommst auf die Welt und da gäbe es keinen Menschen, der dir sagt, was du tun sollst oder was richtig und falsch ist. Wie wurdest du agieren bzw. welche Entscheidungen würdest du treffen? Richtig, du würdest das tun was du für dich richtig zu sein scheint.

Jedoch sieht die Realität anders aus. Als Kind hat man viele Wünsche und auch Ziele. Man sagt seinen Eltern Dinge wie „Mama ich möchte Reich werden" oder Wenn ich groß bin werde ich Pilot! Gerade lachst du bestimmt darüber, weil du als Kind ähnlich kuriose Dinge sagtest. Und bestimmt denkst du genauso wie viele andere auch, wie „blauäugig" man doch als Kind war.

An diesem Punkt möchte ich dir nun mit einer sanften Backpfeife die Augen öffnen. Denn die Wahrheit ist folgende: Keine dieser Träume, Wünsche und Ziele die du als Kind hattest wären unerreichbar gewesen. Du könntest schon lange reich sein. Oder ein Pilot. Du könntest schon längst in den teuersten Hotels sitzen und an den schönsten Stränden baden. Doch wieso ist das so?

Ganz einfach! Als Kind ist dein Geist noch nicht verpestet. Dein

Gedankengut und dein Mindset ist noch klar! Nichts ist vernebelt und du hast die Einstellung alles schaffen zu können. Als Kind hast du noch dein Kämpferherz und den Mut, Dinge zu anzugehen, weil du keine Angst vor dem Risiko hast. Denn du kennst das Wort Risiko nicht. Du verlernst all diese Dinge erst, indem man dir etwas anderes beibringt. Oft bewusst durch das Schulsystem und oft unterbewusst durch soziale Kontakte und Reaktionen. Man beginnt sich anzupassen. Anzupassen auf das Umfeld.

Erinnere dich bitte einmal zurück, was ist geschehen als du deinen Eltern sagtest, dass du, wenn du groß bist, reich werden möchtest? Haben sie dich belächelt? Sich etwas lustig drüber gemacht mit Sätzen wie „träume nur weiter"? Ich habe oft den Satz zu hören bekommen „du bist aber gutgläubig" oder „dafür musst du erstmal in der Schule gut sein." Später wenn man älter wird hört man Sätze wie „das glaubst du doch wohl selbst nicht!"

Kurz um, man vergiftet deinen Geist und trichtert dir ein, dass es schier unmöglich ist Reich zu werden. Alles eine Glückssache. „Du willst ein bekannter Musiker werden? Das schaffst du niemals. Dazu braucht es eine Menge Glück!" SCHWACHSINN!

All diese Sätze kommen von Menschen, die nie den Mut hatten, etwas in die Hand zu nehmen! Ihre Ziele und träume zu verfolgen, weil sie genau dieselben Sätze von Ihren Eltern und sozialen Kontakten gehört haben. Vielleicht hast auch du Dinge nicht angepackt, um dich nicht lächerlich zu machen. Aber ich sage dir die Wahrheit, dein Geist ist vergiftet. Du kannst nun Anfangen nicht mehr auf das zu hören was man dir sagt, aber dich trotzdem noch mit diesem Umfeld abgeben. Das macht deine Gedanken und deinen Geist vielleicht sauberer, aber nicht klar. Und immer noch wird dein Geist vergiftet werden.

Stelle dir ein Glas Wasser vor. Das sind deine klaren Gedanken. In dieses Glas kippst du nun langsam, aber stetig ein farbiges Getränk. Zum Beispiel Cola. Sinnbildlich für dein Umfeld und deren Meinungen. Was passiert nun? Das Glas füllt sich und zusätzlich zu dem Fakt, dass du wohl eine Art Diät Cola erhältst färbt sich in erster Linie sinnbildlich dein reiner Geist schwarz. Du fängst nun an aufzuhören darauf zu hören was man dir sagt. Du kippst deshalb wieder Wasser in das nun dunkle Gemisch aus Cola und Wasser. Dein Geist wird klarer, aber niemals rein! Du kannst so viel Wasser nachkippen wie du möchtest, es wird immer Cola in diesem Glas bleiben. Also alles was du tun kannst ist, um das Wasser wieder rein zu machen? Richtig! Den Inhalt aus dem Glas wegzuschütten und es erneut mit Wasser zu füllen.

Wechsle dein Umfeld, gib dich mit Menschen ab, die die Dinge schon erreicht haben, die du noch schaffen willst! Suche dir einen Mentor. Suche dir ein Umfeld, das genauso denkt wie du! All dies ist kein Hexenwerk. Alles was du dazu brauchst ist Wille! Und du wirst sehen, es geht! Du wirst überrascht sein was plötzlich alles machbar ist.

WARUM HABEN MENSCHEN KEIN GELD?

Eine berechtigte, aber auch wichtige Frage. Genauso einfach ist sie auch zu beantworten.

Hast du schon einmal Sätze wie „Geld stinkt" oder „Geld ist nicht wichtig" oder „ich brauche kein Geld, um glücklich zu sein" gehört?

Genau deswegen haben die Menschen kein Geld. Sie wollen das Geld nicht auch wenn sie unzufrieden sind, dass sie keines haben. Sie denken über Geld negative Dinge, behandeln es als etwas Schlechtes. Also wieso sollte Geld dann zu diesen Menschen kommen? Unsere Gedanken und unser Mindset kontrollieren auch unser Handeln. Bedeutet, wenn die Menschen denken das Geld etwas Schlechtes ist, oder es verwerflich ist Geld haben zu wollen, handeln die Menschen auch so.

Aber hast du dir schon einmal die Frage gestellt was Geld über uns denkt? Was würde es wohl über dich denken, wenn es dich sieht? Die Antwort ist nichts! Geld denkt absolut nichts über uns, und genauso solltest du auch denken.

Geld ist ein sehr wichtiger Bestandteil unseres Lebens. Ohne Geld funktioniert es nicht. Stelle dir bitte einmal vor es gäbe kein Geld auf dieser Welt. Das wäre die pure Katastrophe. Geld erleichtert vieles! Und es geht dabei nicht darum sich Gesundheit zu kaufen, denn das geht ab einem gewissen Punkt nicht mehr. Aber Geld macht glücklich! Es macht frei! Wenn jemand sagt das Geld nicht glücklich macht, hat er noch nie wirklich Geld besessen. Wenn ich zurück denke an meine alten Zeiten, in denen ich nichts hatte. Mitte des Monats bankrott und im Kühlschrank nichts mehr zu essen. Mich hat nichts glücklicher gemacht als am Ende des Monats neues Geld auf meinem Konto war.

Denke über Geld nicht schlecht. Es ist nicht verboten Geld haben zu wollen und vor allem ist es nichts Schlechtes. Wenn du kein Geld haben willst, dann wirst du auch nie wirklich welches bekommen.

Ich lege vor dir auf den Tisch aus meiner Hosentasche 10.000 Euro auf den Tisch. Was denkst du über mich? Und was denkst du über das Geld?

Du wirst Dinge denken wie „Woher hat er das Geld?" „Das kann doch nicht legal verdient sein" aber denkst genauso daran, dass du das Geld gerade gut gebrauchen könntest. Denkst aber im selben Zug wieder „Geld ist nicht so wichtig."

Ich sage dir was ich denke, wenn du mir 10.000 Euro auf den Tisch legst. Ich denke gar nichts. Absolut rein gar nichts. Nichts Negatives über dich, nichts Negatives über das Geld. Geld ist nicht existent und macht aus dir keinen besseren oder schlechteren Menschen. Geld ist unendlich. Man kann es unendlich viel verdienen. Wenn man es möchte!

WAS IST REICHTUM?

Bei dieser Frage erhält man zu 90% immer die Antwort „Viel Geld zu haben!" Im Grunde ist dies nicht richtig oder falsch, sondern Reichtum ist individuell und kann für jeden etwas anderes bedeuten. Aber im Grunde bedeutet es für fast alle, auf einem riesigen Berg voller Geld zu sitzen.

Erstaunlicher weiße wird als zweites an Gesundheit, Freude oder Soziale Kontakte gedacht.

Ich möchte dir direkt zu Anfang ein Beispiel geben, dass dich auf den richtigen Weg führen soll.

Ich habe die Möglichkeit dir auf ein Konto Zugriff zu gewähren. Jedoch ist dies ein besonderes Konto. Auf diesem Konto befinden sich 86.400 Euro. Du brauchst mir nichts zurückzahlen und kannst über das Geld frei verfügen. Egal wie viel du ausgibst, jeden Tag sind auf diesem Konto 86.400 Euro verfügbar die du einfach ausgeben kannst. Du musst dich auch nicht rechtfertigen für was. Jedoch gibt es zwei Hacken. Ich kann dir zu jeder Zeit den Zugriff auf das Konto verbieten und du kannst das Geld nicht sparen. Auf deinem Konto werden nie mehr als 86.400 Euro verfügbar sein. Natürlich kannst du auch kein Geld abheben, sondern alles was du bezahlst, zahlst du mit Karte. Was würdest du mit dem Geld tun?

Die häufigsten Antworten auf diese Frage sind „Ich kaufe mir Immobilien, die kann ich dann vermieten, wenn du mir den Geldhahn zudrehst", „Ich kaufe mir teure Autos, um den Wert zu steigern". Im Grunde kaufen sich alle Gegenstände die als Rücklage dienen sollen, wenn kein Geld mehr da ist.

Aber wieso? Wieso geht man nicht mit Zeit so um? Also mit Lebenszeit. 86.400 € könnte man auch einfach in ein Zeitkonto umwandeln dessen Wert dann einfach 86.400 Sekunden täglich beträgt. Dies wäre genau ein Tag! Und plötzlich wird das ganze weniger Wertvoll? Oder nicht?

Nein wird es nicht! Zeit ist doch viel wertvoller als Geld! Man hört oft den Spruch „Zeit ist Geld" aber dieser Spruch stimmt nicht. Denn Zeit und Geld stehen was den Wert angeht in keiner Relation zueinander! Alleine schon, dass Geld unendlich und nicht existent, aber Zeit existent und endlich ist.

Reichtum bedeutet dann doch eher mehr Zeit zu haben oder etwa nicht? Und da sind wir an dem Punkt, an dem reichen Menschen mit viel Geld anders denken als arme Menschen.

REICHE MENSCHEN DENKEN ANDERS!

Und dies ist entscheidet! Reiche Menschen denken anders. Und vieles ist erst verständlich, wenn man etwas um die Ecke denkt. Aber in erster Linie versucht ein Reicher Mensch seine verfügbare Zeit zu maximieren. Dies tut er in dem er Dinge für sich erledigen lässt.

Ein einfaches Beispiel: Das Rasen müsste wieder einmal gemäht werden. Du hast die Möglichkeit das selbst zu tun. Und dafür eine Stunde deines Lebens zu bezahlen. Oder du bezahlst jemanden dafür und drückst ihm 20 Euro in die Hand.

Für einen Reichen Menschen ist die eine Stunde Lebenszeit wertvoller als die 20 Euro. Überlege dir einmal was du mit einer Stunde deines Lebens anfangen könntest. Du kannst dich um deine Geschäfte kümmern, deinen Umsatz steigern. Du kannst diese eine Stunde aber als Pause für dich nutzen. Oder du gehst einer sportlichen Aktivität nach.

Ein Reicher Mensch steht morgens nicht auf, um zu arbeiten zwecks des Geldes. Glaube mir, auch wenn es schwer zu verstehen ist. Aber sie stehen auf, weil sie es wollen. Sie stehen jeden Morgen dafür auf, um genau der Aktivität nachzugehen, die sie wollen. Jemand der denkt, dass dies ohne Arbeit funktioniert, hat wohl eindeutig die Kontrolle über sein Leben verloren. Etliche Anzeigen auf Social Media Plattformen, die einem sagen, dass man in nur einem Monat, ohne wenig Arbeitsaufwand einen Berg voller Geld verdienen kann sind gelogen. Alles lug und Betrug?

Im Grunde kann man mit diesen Geschäftsideen zwar eine Menge Geld verdienen, das ist richtig! Aber es wird verschwiegen wie lange es dauert sich so etwas aufzubauen, bis letzten Endes auch solche Beträge zu Stande kommen.

Jetzt kommt aber wieder der Unterschied zwischen Reich und Arm.

Der arme Mensch denkt bei dieser Anzeige nur an das Geld, wenn er sie sieht. Jedoch wird doch in den meisten Fällen gleichzeitig finanzielle Freiheit, geographische Freiheit und auch zeitliche Freiheit versprochen. Diese Dinge sieht der arme Mensch nicht, oder belächelt er nur. Aber dies sind die tatsächlichen Punkte, die in diesen Anzeigen beworben werden. Weil wie du ja nun weißt, Zeit und Unabhängigkeit einen viel wertvolleren Stellenwert als Geld hat. Mit finanzieller Freiheit ist nicht gemeint, dass du jeden Monat sagen wir bis zu 500.00 € verdienen kannst. Damit ist gemeint, dass du unendlich viel Geld verdienen kannst! So viel du willst! Du musst aber auch bereit sein etwas dafür zu tun.

Der Reiche Mensch denkt bei dieser Anzeige nur daran wie viel er outsourcen kann und wie viel Zeit er in diese Geschäftsidee stecken muss. Wie viel Geld dabei rumkommt ist völlig egal denn es ist unendlich. Es muss nur funktionieren. Und tatsächlich funktionieren ALLE Modelle die du über Social Media Plattformen als Werbung bekommst. Die Menschen denken nur nicht logisch und nehmen hören diesen Anzeigen nicht aufmerksam zu. Sie verstehen sie nicht. Sie wollen sich damit nicht auseinandersetzen. Ein Reicher Mensch hat verstanden, dass er etwas für seinen Reichtum tun muss. Für das Leben das er führt. Aber er tut nur dass was ihn in seiner Freiheit nicht behindert.

90% aller Menschen sind unzufrieden mit ihrer Arbeit und auch mit ihrem Leben. Du sicherlich auch in irgendeiner Form. Doch warum wollen diese Menschen nichts ändern? Warum tun sie nichts?

Das ist ganz einfach und mit nur einem Wort zu beantworten. Sicherheit! Der Mensch ist so gestrickt, dass er immer nach Sicherheit sucht. Man möchte sich nicht in Gefahr begeben. Man könnte ja scheitern. Daher versucht man immer den einfachen Weg zu gehen. Und so beginnt das Geschäft mit der Zeit. Man tauscht Zeit gegen Geld. Ein Minusgeschäft. Und das alles nur weil man keinen Mut hat aufzustehen, etwas zu ändern, um am Ende diesem Hamsterrad entkommen zu können.

Nun weißt du woher Armut kommt. Denn Armut bedeutet nichts anderes als „Arm an Mut!"

DAS GESCHÄFT MIT DER ZEIT

Gleich zu Anfang dieses Themas möchte ich dir eine Frage stellen. Wie viel Geld ist dir eine Stunde deines Lebens wert?

Wie du bereits weißt ist Zeit das weitaus wertvollere Gut das der Mensch besitzt. Nun stellen wir mal eine Rechnung mit der Zeit eines Arbeitnehmers auf der für 1300 € Netto arbeitet.

Nehmen wir an, Herbert muss um 08:00 das Arbeiten anfangen. Somit steht er also um 07:30 morgens auf. Das sind schon zwei Verpflichtungen, die er hat. Rechtzeitig aufstehen und um 08:00 auf der Arbeit sein. Seine Arbeitszeit geht bis 17:00 mit einer Stunde Pause. In dieser einen Stunde Pause darf er jedoch das Firmengelände nicht verlassen da die Firma eine Kantine besitzt. Das sind bis jetzt allein schon elf Stunden und 30 Minuten des Tages insgesamt, die er nur für die Arbeit aufbringt. Jetzt hat er aber noch einen Fahrtweg von einer halben Stunde, die er nicht bezahlt bekommt. Rechnen wir noch einmal zusammen. 1,5 Stunden Vorbereitung + Fahrtweg zur Arbeit, 8 Stunden Arbeit + 1 Stunde Pause und am Ende noch 30 Minuten Fahrtweg nach Hause. Sind insgesamt 12 Stunden des Tages die nur für die Arbeit verwendet werden. 12 Stunden für eine Tätigkeit in der man unzufrieden ist.

Gonzalos James Alvarez

Nun kommt es aber noch schlimmer. Die ersten 1,5 Stunden sowie die eine Stunde Pause und die halbe Stunde Fahrtweg am Ende sind unbezahlt. Den Aspekt das der Fahrtweg im Grunde sogar noch etwas kostet lassen wir einfach mal weg. Das sind insgesamt drei Stunden von zwölf Stunden die unbezahlt sind! Und 12 Stunden von Herberts Leben über das er nicht frei verfügen kann! Dafür bekommt er am Ende des Monats 1300 € Netto ausbezahlt. Davon zahlt er nun 700€ Miete und 200 Euro für den Wagen. Bleiben noch 400 Euro. Internet muss auch bezahlt werden und eine neue Hose, weil die alte kaputt ging. Bleiben noch 300 Euro. Gut das Herbert keine Schulden hat denn er möchte auch am sozialen Leben etwas teilhaben und mit Freunden in eine Kneipe oder ins Kino. Das wird aber schwierig denn er muss sich ja noch Essen und Trinken für den ganzen Monat kaufen.

Beenden wir das an dieser Stelle. Herbert tauscht monatlich ca. 240 Stunden seines Lebens für 1300 €, mit denen er alles wichtige bezahlen kann, aber sonst kaum etwas zum Leben hat. Herbert ist nicht der einzige. Sondern 90% der arbeitenden Menschen handeln so.

Ich möchte dir auch hier eine Frage stellen. Ich komme mit einem Koffer auf dich zu in der sich eine Stunde Zeit befindet. Diese eine Stunde verkaufe ich dir. Aber ich verkaufe Sie dir nur unter einer Bedingung. Und zwar für den ehrlichen und wahren Wert der dir diese Stunde Wert ist.

Meine Antwort auf diese Frage war „unbezahlbar!". Was wird wohl deine Antwort darauf sein? Auf jeden Fall nicht acht oder neun Euro die Stunde.

PLANE DEINE ZEIT

Viele Fragen mich immer "James, wie machst du es, dass du so viele Termine hast aber trotzdem noch Zeit für dich und dein Leben findest?" Darauf gibt es eine einfache Antwort. Es nennt sich Zeitmanagement.
Aber fangen wir einmal von vorne an. Jeder von uns besitzt ein Handy. Und jeder erwischt sich bestimmt mindestens ein Mal am Tag durch Social Media Apps zu scrollen. Dann hat man auch noch einige Spiele installiert, die die Zeit vertreiben sollen. Im Grunde hat jeder Handybesitzer ca. 45 Apps auf dem Handy die Zeit rauben. Daher auch der Ausdruck "Alibaba und die 40 Räuber". Ich sage dir ganz klar, lasse die Finger vom Handy! Gewöhne es dir ab durch Facebook oder Twitter zu scrollen. Du brauchst keine Spiele auf dem Handy die dir jede Minute deiner wertvollen Zeit rauben. Nutze dein Handy sinnvoll!
Zeit ist ein Wert, den man sich wunderbar einteilen kann. Das ist vielleicht am Anfang etwas ungewohnt, aber man kann es lernen. Der Vorteil, der sich dadurch ergibt, ist, das man spürt, wie viel lange 30 Minuten sein können, und was man alles in 30 Minuten machen kann. Wenn ich in zwei Stunden einen Termin habe, habe ich genug Zeit noch Sport machen zu gehen, eine Runde Schwimmen im Pool und dann noch duschen. Die meisten Menschen machen diese zwei Stunden gar nichts. Spielen am Handy oder schauen TV. Sie schlagen die Zeit tot bis zu diesem Termin.
Ich für meinen Teil, plane meine Zeit so effektiv wie möglich. man nennt es Work - Life Balance. Bedeutet ich teile mir meine

Zeit so ein das meine Arbeit mit meinem Leben perfekt zusammen spielt. Dabei meine ich nicht den ganzen Tag irgendwo rumzuliegen und nur das nötigste zu tun. Sondern gemeint ist damit Arbeit und Leben zur richtigen Zeit zu timen. Work - Life Balance hat etwas mit Prioritäten zu tun. Stelle es dir vor wie ein Musikstück. Wenn du dieses Musikstück komponierst, dann wirst du mehrere Tasten am Klavier spielen müssen. Und wenn du dann möchtest das es auch gut klingt, dann musst du auch die richtigen Tasten zur richtigen Zeit spielen. Du musst also wissen was deine Prioritäten sind und wann diese Prioritäten drankommen. Das ist die Magie des Ganzen.

Richtiges Zeitmanagement bedeutet nicht, dass du deinen Terminkalender oder deine To Do Liste mit Aufgaben füllst, die du sowieso am Ende der Woche nicht schaffst und du überfordert bist. Richtiges Zeitmanagement hat etwas mit Produktivität zu tun.

Jeder von uns hat ein gewisses Leistungsniveau. Stelle dir das wie einen Akku vor. Wenn du morgens aufstehst, hat dein Akku 100%. Geistige Leistung und auch die körperliche Leistung sind bei 100%. Jede Handlung, die du nun tust, egal ob körperlich oder geistig, reduziert deinen Akkustand. Deswegen ist es wichtig, dass du die Dinge, die am meisten Aufmerksamkeit brauchen bzw. die schweren Dinge, ganz am Anfang des Tages erledigst.

Den meisten Akkuverbrauch hast du jedoch durch die unbewussten Dinge. Damit sind negative Gedanken in jeglicher Form gemeint. Dinge wie „Wie soll ich diesen Monat meine Miete bezahlen?", "Hoffentlich fällt der Termin nicht aus!" All diese Dinge saugen deinen Akku leer! Ganz besonders diese Dinge zu denen du dich überwinden musst. Erledige diese Dinge ebenfalls ganz am Anfang des Tages.

Wie macht man es im Grunde nun richtig?

Erstens: Eat the Frog first! Bedeutet das du unangenehme Dinge, schwere Dinge und Dinge, die die meiste Aufmerksamkeit brauchen zuerst erledigst.

Zweitens: Halte dich fern von deinem Handy. Nutze es Zeitbringend und nicht Zeitstehlend. Du brauchst keine Spiele auf dem Handy, und auch kein Facebook, um sinnlos durch die Timeline zu scrollen.

Drittens: Emails werden nur einmal am Tag gecheckt. Geantwortet wird nur auf die wichtigen Emails! Kurz und prägnant! Der Rest wird markiert und alle 5 Tage weggeschickt.

Viertens: Anrufzeiten! Lege dir Anrufzeiten fest. Wann bist du erreichbar und wann rufst du verpasste Anrufe zurück. Auf Anrufe genauso wie Textnachrichten einmal am Tag gesammelt antworten. Anstatt mit Text antwortest du lieber mit Sprachnachrichten.

Fünftens: Verbinde Dinge, die sich verbinden lassen. Wenn du einkaufen gehst, dann verbinde, dass mit dem Friseurtermin zum Beispiel. Einkaufen auch nur in einem Geschäft.

Sechstens: Konzentriere dich auf die eine wesentliche Sache, die du tun musst um dein Ziel zu erreichen!

Ich werde ihnen nun eine Sache vorstellen. Nennt sich Eisenhower Prinzip. Nach diesem Prinzip arbeite ich. Nach dieser Methode setze ich meine Prioritäten und arbeite sie danach ab.

DAS EISENHOWER PRINZIP

Das Eisenhower Prinzip ist eine Methode seine Aufgaben effektiv zu Planen. Das Eisenhower Prinzip ist unterteilt in zwei Hauptkategorien. „Dringlichkeit" und „Wichtigkeit". Diese sind nochmal unterteilt in zwei Unterkategorien. Wichtigkeit ist unterteilt in „Wichtig" und „Nicht Wichtig". Dringlichkeit ist unterteilt in „dringend" und „Nicht Dringend"

Daraus ergeben sich vier Bereiche.

Bereich A = wichtig & dringend (Sofort selbst erledigen)

Bereich B = wichtig & nicht dringend (Terminieren und selbst erledigen)

Bereich C = nicht wichtig & dringend (An kompetente Mitarbeiter, Firmen, Freunde delegieren)

Bereich D = nicht wichtig & nicht dringend (Papierkorb, wird nicht bearbeitet)

Dies ist eine Methode, die du nutzen kannst, um effektiv deine Aufgaben zu Planen um mehr Zeit für dich rauszuschlagen.

◆ ◆ ◆

DIE DENKWEISE FÜR EIN ERFOLGREICHES LEBEN!

Warum schaffen es die Menschen nicht etwas aus ihrem Leben zu machen? Einfache Frage, einfache Antwort. Weil sie sich selbst im Weg stehen. Sie glauben nicht an Sich. Glauben nicht das es einfach ist mit anderen Mitteln da draußen Geld zu verdienen. Sie glauben nicht, dass sie selbst dazu in der Lage sind. Die Menschen sind in einem Opferhabidus gefangen. Womit wir wieder bei dem Thema Umfeld sind. Sie wollen nahezu diese Rolle. Stürzen sich nahezu in diese Rolle. Warum? Weil es andere gibt die das verstehen. Genau die Leute die selbst in diesem Opferhabidus gefangen sind. Die verstehen es.

So beklagen Sie sich über alles. Alles ist schlecht, die Arbeit ist der Horror. Über die Politik, über das Wetter. Sind schlecht drauf, depressiv. Geben anderen die Schuld für irgendwelche Dinge. Sind antriebslos.

Typische Sätze die ein Opfer von sich gibt. „Ich bin zu alt dafür" oder „das klappt nie" oder „dieser Stress macht mich krank" oder der beste „ich kann ja eh nichts ändern, da müsste ein Wunder passieren".

Am schlimmsten ist jedoch der Satz: „Haben sie etwas Zeit für mich, ich möchte über ein paar Problemchen reden". Wenn du solche Sätze hörst, lauf! Die wollen nur deine Aufmerksamkeit. Dich wieder hinein ziehen in den Opferhabidus. Du bist aber kein Opfer. Erinnere dich an das Thema Geist vergiften! Wenn du so etwas hörst, Lauf!

Aber diese Menschen oder auch Opfer, sind für mich gleichzeitig auch Täter! Warum? Weil sie nichts tun, um etwas in ihrem Leben zu ändern. Um aus diesem Opferhabidus rauszukommen. Es unterlässt sämtliche Dinge, um ein erfolgreiches Leben zu führen!

Natürlich ist es bequem nicht raus zu müssen, nicht telefonieren zu müssen. Es ist bequem auf dem Sofa zu sitzen und sich eine Serie nach der anderen anzusehen. Aber Bequemlichkeit ist auch immer auf schlechte Gewohnheiten zurück zu führen. Somit müssen wir Kontrolle über unsere Gewohnheiten bekommen! Das ist der aller erste Schritt, wenn man etwas ändern möchte! Der zweite Schritt ist, schlechte Gewohnheiten durch gute Gewohnheiten ersetzen. Es braucht ca. 66 Tage bis etwas zur Gewohnheit wird. Wenn du dir also etwas angewöhnen möchtest wie zum Beispiel lesen. Dann musst du dies mindestens 66 Tage am Stück durchziehen! In unserem Gehirn entstehen Verbindungen, die immer dicker werden, je öfter und länger wir etwas tun. Wenn diese Synapsen dick genug sind, dann wird etwas zur Gewohnheit!

Wenn du etwas verändern möchtest, dann musst du immer bei dir selbst anfangen. Keiner da draußen wird dir helfen. Du musst dir selbst helfen. Und noch wichtiger ist, hilf erst dir selbst bevor du einem anderen hilfst! Sei egoistisch. Gesunder Egoismus ist gut.

Ganz wichtig. Die Veränderung beginnt immer mit der Entscheidung. Dazu musst du aber in der Lage sein, Entscheidungen zu treffen. Nur die wenigstens sind in der Lage dazu, besonders bei schnellen Entscheidungen. Warum? Weil es immer für uns gemacht worden ist. Mama, Papa, Staat, die Lehrer. Alle haben sie immer für uns die Entscheidungen getroffen. Deswegen können die wenigsten selbst Entscheidungen treffen. Ich sitze oft mit Menschen am Tisch, auch älteren Menschen. Die können keine Entscheidungen treffen. Es geht um banale Dinge. Die Antwort? „Ich muss drüber schlafen", „Da muss ich erst meine Frau fragen".

Was ich damit sagen will ist, treffe deine Entscheidungen selbst! Lerne Entscheidungen selbst zu treffen. All dies brauchst du für ein Erfolgreiches Leben! Wenn jemand mit deiner Entscheidung nicht klarkommt, sei es dein Partner oder die Eltern, dann steht dieser Mensch nicht zu dir. Lerne deine Entscheidungen schnell zu treffen. Egal ob groß oder klein! Große Entscheidungen treffe ich jedoch nach dem Adenauerkreuz. Was spricht dafür, was spricht dagegen. Konrad Adenauer hat für ein ganzes Volk nach diesem Schema seine Entscheidungen getroffen und das Erfolgreich! Er hat mit diesem Schema einer der besten Erfolge erzielt. Und nicht jede Entscheidung war immer richtig. Wir wissen vorher nie ob eine Entscheidung richtig oder falsch ist. Nur keine Entscheidung zu treffen, ist auch eine Entscheidung!

Ein erfolgreiches Leben führen zu wollen ist auch eine Entscheidung! Erfolg ist eine Entscheidung! Entscheide dich jetzt und fange damit an! Aber Erfolg hat auch immer einen Preis. Das bedeutet du musst hinter deiner Entscheidung stehen.

Arnold Schwarzenegger ist nicht auf die Beerdigung seines Vaters gefahren, weil er mitten in den Wettkampfvorbereitungen stand. Er sagte „Was soll ich denn nun tun, er ist ja schon tot und wiederbeleben kann ich ihn nicht".

Wenn Opfer solche Geschichten hören sagen sie „Denen geht es ja nur ums Geld, die gehen über Leichen". Aber das hat damit nichts zu tun. Es geht um die Entscheidung. Diese Entscheidung fordert einen Preis ein, und dieser Preis ist hoch. Alles im Leben hat seinen Preis. Die Frage ist nur, welchen Preis ist man bereit zu bezahlen um das Leben führen zu können das man will.

Ich glaube daran das wir hier auf dieser Erde sind, um eine Aufgabe zu erfüllen. Und wer seine Aufgabe erfüllt. Bekommt Glück als Beigabe geschenkt!

Gonzalos James Alvarez

DER WEG AUS DEM HAMSTERRAD

Selbst wenn du komplett pleite bist, hast du die Möglichkeit ein erfolgreiches Leben zu führen. Etwas zu ändern an deiner aktuellen Situation.

Dein Leben ist wie eine Firma. Somit musst du Cashflow erzeugen. Das brauchst du, um dein Unternehmen aufzubauen. Bedeutet aber auch dass du alle Funktionen einnimmst. Und wenn du dass so siehst, aus dieser Sicht, kannst du dir die Frage stellen ob du dich so Einstellen würdest in deinem Unternehmen. Wie viel Geld würdest du dir bezahlen? Mit welchen Leuten arbeitest du zusammen (Umfeld)? Du baust die dein Leben, dein Unternehmen auf.

Und wenn man sich ein Unternehmen aufbaut, dann gibt man am Anfang nur Geld für das nötigste aus, um es dann zu reinvestieren. Das Bedeutet das du dich von deinen Verbindlichkeiten so gut es geht trennen musst. Das bedeutet, dass du dir freie Zeit schaffen musst. Dies kannst du nur wenn du die unnötigen Ausgaben reduzierst und dich von den Verbindlichkeiten löst.

Weißt du was du dann machst? Du suchst dir da irgendeinen Drecksjob! Am besten 20 Stunden die Woche, weil du dir dann nebenbei etwas aufbauen kannst.

Du musst bereit sein womöglich mehrere Jahre durch die scheiße zu gehen. Es gibt im Leben keine Abkürzung auch wenn die Menschen immer danach suchen! Triffst du diese Entscheidung muss dir klar sein das man nichts im Leben geschenkt bekommt und dir Bequemlichkeit rein gar nichts bringt! Wenn du dazu beriet bist und es durchziehst. Dann wirst du den Rest deines Lebens, wenn du alles geschafft hast, so Leben wie der Rest dieser Menschen es nie können werden.

Am Anfang ist es wichtig das du zu Geld kommst, um es zu vermehren. Ich rede hier nicht von Investoren oder Krediten. Investiere am Anfang in dich selbst. Denn du bist der größte Vermögenswert, den du bieten kannst. Du musst Wissen sammeln, und dann Wert schaffen. Wertschaffung kommt immer vor Geld. Denn wenn du keinen Wert für andere Menschen schaffst, kann kein Geld folgen. Wenn du dich nur darauf konzentrierst Geld zu verdienen, wird es vor dir weglaufen. Geld ist immer ein Resultat aus dem was wir denken und dem was wir tun. Geld kann nur verdient werden, indem es von einem anderen weggeht! Schaffe deinen Wert. Und habe kein schlechtes Gewissen, egal wie hoch dieser Wert ist. Nun kannst du das Geld reinvestieren, um mehr und immer mehr Wert zu schaffen. Bedeutet du investierst in deine Beziehungen, in dich selbst und in geldbringende Vermögenswerte. Dein Einkommen kann immer nur so schnell wachsen wie du selbst wächst.

Die Menschen sehen Geld investieren immer als ein Risiko. Weils sie eines nicht bedenken. Dass sie das Geld in sich selbst investieren, um eine Chance zu nutzen. Aber nur wer im Leben Risiken eingeht kann Chancen nutzen, um Geld zu verdienen. Das größte Risiko im Leben sind wir selbst!

Risiko ist immer subjektiv und hängt erstens von den eigenen Fähigkeiten ab und zweitens von der Situation, in der man sich befindet. Jedoch sollte man niemals in Risiken denken, sondern in Chancen!

EINE WICHTIGE SACHE NOCH

Trotz all deinen Plänen und der Arbeit und die Zeit, die du hineinsteckst, solltest du niemals vergessen, dass deine Gesundheit ebenso ein wichtiges Hab und Gut ist. Auch du brauchst Zeit für dich und deine Liebsten. Achte auf deine Ernährung. Achte auf deine Fitness.

Nur ein gesunder Körper und ein gesunder Geist können über jegliche Grenzen hinauswachsen und 100% Leistung erbringen!

Verzichte auf Fastfood und trinke lieber anstatt Cola ein schönes kaltes Wasser. Dein Körper dank es dir und du wirst merken, dass du mehr Energie hast.

◆ ◆ ◆

ENDE & START DEINES ERFOLGREICHEN LEBENS

Ab hier hast du dein Mindset und alle wichtigen Informationen die du für ein erfolgreiches Leben brauchst.
Dies war der erste Band einer Reihe von Büchern die noch folgen werden. Ich werde dir in naher Zukunft weitere Informatinen und Businessmodelle vorstellen.
Ich bedanke mich für das Lesen meines Buches und ich hoffe ich konnte dir hilfreiche Informationen mitgeben. Du bist jedenfalls auf dem richtigen Weg.

Bis zum nächsten Buch.

Dein

Gonzalos J. Alvarez

www.ingramcontent.com/pod-product-compliance
Lightning Source LLC
Chambersburg PA
CBHW030739180526
45157CB00008BA/3241